Inhalt

Auch Banken müssen sich im Rahmen ihres Kostenmanagements mit Outsourcing beschäftigen; IT-Outsourcing birgt Probleme

Kernthesen

Beitrag

Fallbeispiele

Weiterführende Literatur

Impressum

Auch Banken müssen sich im Rahmen ihres Kostenmanagements mit Outsourcing beschäftigen; IT-Outsourcing birgt Probleme

M. Westphal

Kernthesen

- Outsourcing ist nicht nur in der Automobil- und I&K-Industrie ein Thema, sondern auch für den Finanzdienstleistungssektor.
- Der Finanzdienstleistungssektors ist aktuell

u. a. durch einen extrem hohe Fertigungstiefe gekennzeichnet.
- Banken sehen sich sehr spezifischen Problemen gegenüber, wenn es um eine Entscheidung bzgl. des Outsorucings von eng mit der Wertschöpfungskette verbundenen Prozessen geht.
- Es gibt unterschiedliche Lösungsansätze, das Kostendilemma der Banken insbesondere bei den IT-Prozessen zu lösen.
- Die Bildung von Produktions-, Transaktions- und Wertpapierbanken kann ein an den speziellen Bankbedürfnissen orientiertes "Zentralisierungsmodell" darstellen.

Beitrag

Outsourcing ist nicht nur in der Automobil- und I&K-Industrie ein Thema, sondern auch für den Finanzdienstleistungssektor

Aufgrund des enormen Kostendrucks, der auf den Wirtschaftsbetrieben lastet, aber auch aufgrund eines

sich kontinuierlich beschleunigenden Umfelds, ist eines der aktuell wohl meist diskutierten Themenfelder, das des Outsourcing und Offshoring. Dabei werden die unterschiedlichen Ausprägungen und Facetten, aber auch die Vor- und Nachteile, Auswirkungen auf das out- oder auch insourcende Unternehmen wie auch die Volkswirtschaft diskutiert ebenso wie "Checklisten", die für ein erfolgreiches Outsourcing gerade auch im Hinblick auf das Outsourcing-Projekt- aber auch Kosten-Controlling beachtet werden müssen.
Outsourcing wird in nahezu allen Industrien und über viele Unternehmensfunktionen hin betrieben. Trotzdem gibt es zwischen den Industrien große Unterschiede über den Anteil der realisierten Outsourcing-Aktivitäten. Dieses mag zum einen daran liegen, dass es Industriezweige gibt, die in ihrer Entwicklung anderen voraus sind, oder aber daran, dass einige Zweige sich besser für das Outsourcing eignen als andere.
Dieses Knowledge Summary wird sich mit dem Bankensektor beschäftigen. Dieser gilt in seinem Industrialisierungsgrad als sehr rückständig, wenn nicht gar als der rückständigste Sektor in Deutschland, hat aber auch sehr spezifische Rahmenbedingungen.

Ein starker Fokus wird darüber hinaus in allen "E-Business"-relevanten Prozessen und ihren

Möglichkeiten des Outsourcings bzw. notwendiger Restriktionen im Bankensektor liegen. Es geht daher weniger um die Auslagerung von Personalabteilungs-Prozessen, des Betriebs der Büro-Software oder die Auslagerung der Kantine an einen Betreiber. In diesen Bereichen gelten für Banken keine anderen Bedingungen als für andere Unternehmen. Verwiesen sei in diesem Zusammenhang daher auf die Knowledge Summaries: "Trends zur Variabilisierung von IT-Kosten zur sach- und verursachungsgerechten Kostenschlüsselung" sowie "Performance Management für IT-Abteilungen" aus dem Themenbereich Controlling.
Vielmehr werden sich Banken damit beschäftigen müssen, Prozesse auszulagern, die sehr eng mit den Wertschöpfungsketten der Kreditinstitute verwoben sind.

Signalwirkung kommt herbei sicherlich dem Abkommen der Deutschen Bank mit IBM zu, in dem die Deutsche Bank im Jahre 2003 ihre komplette IT-Infrastruktur an den Dienstleister IBM auslagerte. Dazu kommt die Auslagerung des gesamten Einkaufs an Accenture.

Der Finanzdienstleistungssektors

ist aktuell u. a. durch einen extrem hohe Fertigungstiefe gekennzeichnet

Wenn man sich den Faktor Fertigungstiefe anschaut, mögen als Extrembeispiele die Automobilindustrie mit einer Fertigungstiefe von 25 Prozent und der Bankensektor mit einer Fertigungstiefe von 80 Prozent gelten. In Bezug auf Outsourcing der Fertigungsaktivitäten ist zwar auch der Automobilsektor nicht führend, da ist insbesondere die PC-Industrie noch einmal deutlich weiter, aber der Automobilsektor ist führend im Zukauf fremdgebauter Teile, die dann alle nur noch in der eigenen Fertigung zusammengebaut werden. (1)

In Bezug auf die Reduktion der Fertigungstiefe befinden sich die Banken in ihren Bestrebungen da, wo sich die Automobil- und Maschinenbauindustrie vor 30 Jahren befunden hat.

Die Betriebskosten deutscher Banken wuchsen in den letzten zehn Jahren durchschnittlich um fast ein Drittel schneller als die Erlöse. Zwar leiteten auch die Banken traditionelle Maßnahmen zur Eindämmung der Kosten ein, konnten damit aber die Entwicklung nicht verhindern. Genauere Analysen entlarvten die EDV als eigentlichen Kostentreiber. Der Anteil der

EDV an den Gesamtkosten entwickelte sich von neun bis 13 Prozent im Jahre 1996 auf 15 bis 20 Prozent im Jahre 2002.
Der Personaleinsatz aufgrund der enormen Wertschöpfungstiefe ist hoch. So sind z. B. bei amerikanischen Banken etwa 75 Prozent der Personalresourcen in der Kundenbetreuung und rund 25 Prozent im sogenannten Back-Office eingesetzt. Bei deutschen Banken ist diese Relation nahezu umgekehrt. (2)
Der Personalbestand blieb in diesem Zeitraum trotz erheblicher Umsatzzuwächse gleich, sodass die Personalkosten im Vergleich zu den Gesamtkosten unterproportional stiegen. Allerdings hat innerhalb dieses Zeitraums auch nur die Arbeitsproduktivität zugenommen, die Gesamtproduktivität, gemessen an den nominellen Stückkosten je Transaktion, konnte durchschnittlich nicht verbessert werden. Im Vergleich zu der etwa zwei-prozentigen Senkung der Stückkosten bei den Banken, haben Fluggesellschaften ihre Kosten um 17 Prozent, Telekommunikationsunternehmen um neun Prozent und die Öl-Industrie in der Nordsee um stolze 32 Prozent senken können. (3)

Banken sehen sich sehr

spezifischen Problemen gegenüber, wenn es um eine Entscheidung bzgl. des Outsorucings von eng mit der Wertschöpfungskette verbundenen Prozessen geht

Banken stehen aufgrund bestimmter rechtlicher Rahmenbedingungen, sicher aber auch historisch bedingt, nicht an erster Stelle, wenn es um die Auslagerung bestimmter Leistungen oder gar ganzer Geschäftsprozesse an Dritte geht.
Historisch bedingt sieht sich jede Bank einer unübersichtlichen Anzahl an hausgemachten Software-Lösungen gegenüber. Es fehlen die Standardisierungen in den Daten wie auch Schnittstellen, um eine Kompatibilität zu Standardsoftware zu gewährleisten bzw. um die Übergabe von Abrechnungs-, Abwicklungsprozessen an Dritte zu ermöglichen.
Derzeit verwenden Banken deutlich weniger Standardsoftware (23 Prozent) als Handel oder Industrie (37 Prozent).

Die Vielzahl von gesetzlichen und regulatorischen Auflagen, denen sich Kreditinstitute durch Auflagen der Bundesanstalt für Finanzdienstleistungsaufsicht

(BaFIN) zu unterwerfen haben, so z. B. bzgl. der Haftung der Banken für die Richtigkeit (zeitlich wie sachlich) der durchgeführten Transaktionen, stellt an die IT hohe Anforderungen in Bezug auf Ausfallsicherheit und Verfügbarkeit. Gleichzeitig verhinderten sie einen echten internationalen Wettbewerb und führten somit zu einer einzigartigen deutschen Bankenwelt. (2)
Diese rechtlichen Bedingungen sind sicher ein gewichtiger Hinderungsgrund z. B. die gesamte IT-Infrastruktur inklusive der kompletten darauf abgebildeten Prozesse an einen IT-Dienstleister herauszugeben. Die oberste Aufsichtsbehörde bestimmt, dass die Bank selbst grundsätzlich für die Ordnungsmäßigkeit haftet, auch wenn bestimmte Prozesse ausgelagert sind. Daraus können gerade im Bereich der Wertpapier-Transaktionen durch Server-Ausfälle erhebliche Risiken erwachsen.
Aber die BaFIN würde es wohl auch bei allergrößter Liberalität nicht erlauben, dass Institute ihre Geschäftstätigkeit komplett an Unternehmen auslagern, die nicht ihrer Aufsicht unterliegen. (4)
Gerade deutsche Banken tun sich natürlich aus einem ganz anderen Grunde noch schwerer damit, bestimmte Prozesse outzusourcen oder gar ins Ausland auszulagern. Während viele anglo-amerikanische Banken ihre gesamten CallCenter-Aktivitäten z. B. an indische Dienstleister ausgelagert haben, wo die Bankkunden von Agents in

ausgezeichnetem Englisch "bedient" werden, besteht für deutsche Banken kaum die Möglichkeit, derartige Prozesse ins günstigere Ausland zu verlegen. (5) Nicht leicht fallen würde es darüber hinaus den Bankmanagern Ihre Kundendaten, nicht nur aufgrund von Ängsten im Hinblick auf das Einhalten von Datenschutzgesetzen, an einen externen Dienstleister zu vergeben, sondern vor allem aufgrund der Sensibilität, da das gesamte Know-how über die Kunden damit herausgegeben wird. Hier müssen Vertrauen über die Seriosität der externen Dienstleister ebenso wie entsprechende Schutzmechanismen-Standards aufgebaut werden.

Die Leistungserbringung der Banken ist im Gegensatz zu der der Fertigungs- und Konsumgüterindustrie immer noch sehr persönlich und von besonderem Vertrauen geprägt. So werden Störungen in der Leistungserbringung sehr sensibel von den Kunden registriert und dem Institut angelastet. Dabei spielt es in der Wahrnehmung des Kunden keine Rolle, ob die Fehlleistung von der Bank selbst oder einem eingeschalteten dritten Partner erbracht wurde. Somit steckt bei einer Auslagerung an eine Wertpapier-Transaktionsbank nicht nur die BaFIN die Rahmenbedingungen ab, sondern die Bank selbst muss hinsichtlich der Qualität der erbrachten Leistungen und Termintreue klare Vorgaben setzen (nicht nur weil die Geschäftsleiter der Banken für die

Qualität der Prozesserbringnung haften). (2)

Es gibt unterschiedliche Lösungsansätze , das Kostendilemma der Banken insbesondere bei den IT-Prozessen zu lösen

Wovon ist es abhängig, ob ein Dienstleister überhaupt kostengünstiger ist, als ein interner Leistungsprozess?
Zu berücksichtigen sind bei einer Beurteilung der Vorteilhaftigkeit von Outsourcing-Lösungen auch immer die Anpassungskosten auf dem Weg dorthin. So können die Shut-Down-Kosten der abgebenden Seite die Einsparungen auf Jahre hinaus kompensieren. Ebenso sind die Migrationskosten zu berücksichtigen, die innerhalb des Change-Prozesses für einen längeren Zeitraum den operativen Einspareffekt kompensieren können. Gerade unter Berücksichtigung der extrem heterogenen und nicht-standardisierten Software-Landschaft der Banken ist von schnell sichtbaren Einsparungserfolgen nicht auszugehen. Insbesondere im Bankengeschäft gibt es aber eine wesentliche Hürde der Unsicherheit. So ist

z. B. der Markt für Wertpapierabwicklungsdienstleistungen durch enorme Änderungen sowie starke Schwankungen in der Strategie der anbietenden Transaktionsbanken geprägt. Diese Unsicherheit über das zukünftige Anbieterverhalten stellt einen wesentlichen Hinderungsgrund für das Outsourcing dar und kann nur durch einen Wechsel vom Kooperationsansatz hin zu einer offenen Marktstrategie aufgelöst werden. (6)

Lösungsansätze zur Industrialisierung des Bankengeschäts:

- **Benchmarking** analog zu den Methoden der Industrieunternehmen auf konsequente Best-Practice-Optimierungsansätze ausgerichtete Vergleichsstudien- **Design to Cost** mit dem Ziel der an strikter Nutzenoptimierung ausgerichteten Neugestaltung der bankbetrieblichen Prozesse- **Lean Production**, um eine schlankere Organisation auch durch mögliche Auslagerung von Geschäften oder Prozessen zu evaluieren und umzusetzen (3)
- **Standardisieren der Prozesse und (Daten-)Schnittstellen** nicht nur zur internen Erhöhung der

Effizienz, sondern auch um die Übergabe an Dritte zu erleichtern bzw. überhaupt erst zu ermöglichen. Somit wird auch erst Effizienzsteigerung des Gesamtprozesses ermöglicht- **Service-Level-Agreements** als Vereinbarungen über die Leistungsgüte, wobei die Leistungen nicht nur beschrieben werden, sondern auch Maßgrößen definiert werden, anhand derer die Qualität der Leistungserbringung gemessen und i. d. R. auch abhängig davon vergütet wird (Bonus, aber auch Malus sowie ggf. Schadensersatzansprüche definieren)

Auswahlkriterien für die Wahl auszulagernder Prozesse sind im Wesentlichen:

- Kernfähigkeiten des Institutes
- Alleinstellungsmerkmal bzgl. Wettbewerbsvorteil (1)

Wesentliche Player: im Markt der IT-Dienstleister sind:

- Accenture
- Atos

- Capgemini
- EDS
- IBM
- SBS
- T-Systems

Ein weiterer Lösungsansatz, der die spezifischen Probleme des Bankensektors adressieren kann, liegt im unternehmensübergreifenden Zentralisieren von Aufgaben durch die Bildung von Produktions-, Transaktions- und Wertpapierbanken.

Bestrebungen im Bereich der Transaktionsbanken

Die Marktentwicklung der Transaktionsbanken stellt sich wie folgt dar:
In den Jahren 1997 bis 1999 herrschte große Euphorie in Bezug auf die vorhandenen Marktpotenziale aus Anbietersicht. Daher wurden in dieser Phase auch die meisten der heute existierenden Transaktionsbanken ausgegründet. Die "Vorläufer" der Transaktionsbanken waren interne, als Cost Center geführte, Abwicklungseinheiten, die jetzt als eigenständige Transaktionsbank neue organisatorische Skills wie Marketing, Vertrieb, Vertragsmanagement und Migrations-Know-how aufbauen mussten.

Die zweite Phase, die Marktphase, die den Zeitraum von etwa 1999 bis 2001 umfasste, war durch große Marktorientierung und Marktpräsenz der neuen Organisationen gekennzeichnet. Grund dafür war, dass der relevante Markt auf Deutschland begrenzt schien und keiner der neuen Player die bevorstehende "Marktaufteilung" versäumen wollte. Allerdings waren, gemessen am Aufwand, die durchgeführten Migrationen eher gering.
Die dritte, auch als Partnerschaftsphase bezeichnete Periode begann Anfang 2001. Es wurden neue Business Cases errechnet, da die bestehenden Wertpapiersysteme nur bedingt tauglich waren, um neue Mandanten zu migrieren und zu betreiben. Ebenso zeigt man sich ernüchtert über die unzureichende Entwicklungsgeschwindigkeit des Marktes. Diese Phase ist auch gekennzeichnet durch die intensive Suche nach Partnern.
(6)
Schon gibt es deutsche Bankinstitute, die sich mit dem Gedanken tragen, das Transaktions-Banking an einen externen Dienstleister zu vergeben. So verhandelt die Deutsche Bank über den Verkauf einer Mehrheitsbeteiligung an der ETB mit dem britischen Dienstleister Xchanging.

Das Tempo der Bereinigung des Marktes für Wertpapierabwickler ist nicht befriedigend. Das von Branchenvertretern genannte Ziel, die

Wertpapierabwicklung werde in Deutschland am Ende der Konsolidierung noch von zwei bis vier Dienstleistern angeboten, liegt in weiter Ferne. Damit stellt sich auch die Frage der Effizienz der aktuellen Transaktionsbanken im Hinblick auf die Erreichung der kritischen Masse und damit zufriedenstellender Economies of Scale. Was bisher völlig unterschätzt wurde, sind die Dauer für Konsolidierung und Migration der Abwicklungssysteme. So arbeitet z. B. die DWP Bank seit ihrer Fusion mit vier Abwicklungssystemen. Das Ziel, im Jahre 2006 die Gewinnzone zu erreichen, hängt in erheblichen Maße davon ab, ob es erreicht wird, bis dahin möglichst alle Systeme abzuschalten und sämtliche Prozesse auf einem zentralen Transaktionssystem zu migrieren. Man schätzt, dass in einem solchen Falle die Kosten pro Transaktion etwa 20 Prozent des heutigen Niveaus betragen. (7)

Fallbeispiele

Die DZ Bank hat neben der konsequenten Auslagerung der Wertpapierabwicklung auch auf dem Gebiet des Zahlungsverkehrs konsequent an der Industrialisierung des Bankbetriebs weitergearbeitet.

So wurde im September 2003 das Transaktionsinstitut für Zahlungsverkehrsdienstleistungen (TAI) gegründet. (3)

Bei vielen internationalen Banken und Versicherungskonzernen funktioniert das Offshoring sehr gut, so läßt die britische Niederlassung der Axa-Versicherung nicht nur Programmiertätigkeiten in Indien erledigen, sondern auch andere Aufgaben, die sich standardisieren lassen wie z. B. Schadenssachbearbeitung. Die HSBC als zweitgrößte Bank der Welt unterhält in Indien ein Call-Center für britische Kunden.

Die Postbank wird in Kürze die Zahlungsverkehrsgesellschaften der Deutschen Bank und der Dresdner Bank aufnehmen. Das Sparkassenservicezentrum in Bayern wird für die Hypovereinsbank den beleghaften wie auch beleglosen Zahlungsverkehr abwickeln. (2)

Weiterführende Literatur

(1) Überlegungen zur Effizienz regionaler Produktionsbanken
aus Betriebswirtschaftliche Blätter, März 2004, Nr. 03, S. 98

(2) Strukturkrise der Banken - ein Lösungsansatz für

den Wertpapierbereich
aus Zeitschrift für das gesamte Kreditwesen Ausgabe Technik Nr. 02 vom 15.04.2004 Seite 015

(3) Industrialisierung am Beispiel DZ Bank
aus Zeitschrift für das gesamte Kreditwesen Ausgabe Technik Nr. 01 vom 01.03.2004 Seite 024

(4) Von Banken, Automobilen und Viehherden
aus Zeitschrift für das gesamte Kreditwesen Ausgabe Technik Nr. 02 vom 15.04.2004 Seite 004

(5) Big-Bank Perspectives On Offshore Outsourcing
aus American Banker, 08.03.2004, Vol. 169, No. 45, p. 1

(6) Outsourcing im Transaction Banking: Theorie, Praxis und Ausblick
aus Die Bank, Heft 02/2004, S. 125-129

(7) Wertpapierabwickler bereinigen Markt nur schleppend Aufwand und Dauer der Konsolidierung wird unterschätzt - DWP Bank will Transaktionskosten auf ein Fünftel senken
aus Börsen-Zeitung, 10.04.2004, Nummer 70, Seite 3

Impressum

Auch Banken müssen sich im Rahmen ihres Kostenmanagements mit Outsourcing beschäftigen; IT-Outsourcing birgt Probleme

Bibliografische Information der deutschen Nationalbibliothek

Die Deutsche Nationalbibliothek verzeichnet diese Publikation in der deutschen Nationalbibliografie; detaillierte bibliografische Daten sind im Internet über http://dnb.d-nb.de abrufbar.

ISBN: 978-3-7379-0010-2

© 2015 GBI-Genios Deutsche Wirtschaftsdatenbank GmbH, Freischützstraße 96, 81927 München, www.genios.de

Alle Rechte vorbehalten. Dieses Werk ist einschließlich aller seiner Teile – z.B. Texte, Tabellen und Grafiken - urheberrechtlich geschützt. Jede Verwertung außerhalb der Grenzen des Urheberrechtsgesetzes bedarf der vorherigen

Zustimmung des Verlags. Dies gilt insbesondere auch für auszugsweise Nachdrucke, fotomechanische Vervielfältigungen (Fotokopie/Mikroskopie), Übersetzungen, Auswertungen durch Datenbanken oder ähnliche Einrichtungen und die Einspeicherung und Verarbeitung in elektronischen Systemen.